이 책의 숨은 저자이신
하나님께 영광을 돌려 드립니다.

_____ 에게

_____ 드림

만화
한눈에 읽는
교회사

| 상권 |

© 생명의말씀사 2011

2011년 1월 5일 1판 1쇄 발행
2025년 2월 6일 10쇄 발행

펴낸이 | 김창영
펴낸곳 | 생명의말씀사

등록 | 1962. 1. 10. No.300-1962-1
주소 | 서울시 종로구 경희궁1길 6 (03176)
전화 | 02)738-6555(본사) · 02)3159-7979(영업)
팩스 | 02)739-3824(본사) · 080-022-8585(영업)

지은이 | 크레마인드(staff-원화 김태호, 스토리 김덕래, 컬러링 김현미)
감수 | 오덕교, 박용규

기획편집 | 구자섭
디자인 | 김은경
인쇄 | 영진문원
제본 | 보경문화사

ISBN 978-89-04-03126-9 (04230)
       978-89-04-00155-2 (세트)

저작권자의 허락 없이 이 책의 일부 또는 전체를
무단 복제, 전재, 발췌하면 저작권법에 의해 처벌을 받습니다.

이 책이 왜 나왔을까요?

사람들은 역사를 배우지만 따로 교회사를 배우지는 않습니다. 신학교에 들어가서 공부하지 않는 이상 교회에 오랫동안 다녔던 신자들조차도 교회 역사에 대한 지식이 그리 깊지 않습니다. 많은 사람이 역사를 통해서 교훈을 얻듯이 교회사를 통해서 얻게 되는 하나님의 특별한 은혜와 교훈이 있습니다. 저 자신도 이번 책을 준비하면서 많은 것을 깨닫게 되었습니다.

교회사에 관한 서적과 관련 다큐멘터리를 보면서 단편적인 지식은 얻을 수 있었지만, 정작 교회사의 전체 흐름을 이해하기는 쉽지 않았습니다. 그래서 일반 신자들도 쉽게 이해할 수 있도록 교회사의 흐름을 알기 쉽게 만화로 제작하면 좋겠다고 생각하게 되었습니다. 아무쪼록 『만화 한 눈에 읽는 교회사』를 통해서 교회 역사에 감춰진 파란만장한 이야기를 접하게 되시기를 바랍니다. 또한 감수를 맡아 주신 오덕교 교수님과 박용규 교수님께 깊은 감사의 말씀을 드립니다. 특히 책의 완성에 도움을 주신 생명의말씀사에 다시 한번 감사드립니다.

Contents

1 초대교회의 시작과 로마의 박해 속으로 ·········· 9
초대교회의 시작 / 로마의 기독교 박해 시작 / 초대교회 순교자들

2 초대교회 이단들과 점차 견고해지는 기독교 ······· 61
초대교회의 교회 조직 / 초대교회의 이단들 / 초대교회 성경의 형성 과정 / 초대교회 신비주의 운동 / 신약성경이 초대교회에서 공인을 받아간 순서

3 로마제국의 기독교 공인과 초대교회 신앙논쟁 ······ 91
로마제국의 무자비한 탄압 / 콘스탄틴의 등장 / 로마제국의 기독교 공인 / 아리우스와 아타나시우스의 삼위일체 논쟁 : 니케아 공의회 / 사막의 수도사들과 수도원의 등장

4 초대교회 교부들의 등장과 로마제국의 멸망 139

암브로시우스의 등장 / 기독교의 로마 국교 공인 / 왕권과 교권의 대립 / 요한 크리소스톰의 등장 / 게르만 민족의 대이동 / 어거스틴의 등장 / 키릴과 네스토리우스의 기독론 논쟁 : 칼케톤 공의회 / 프랑크족의 집단 개종 / 베네딕트의 수도원 운동 / 그레고리의 등장 / 영국 교회의 시작

5 동방교회와 서방교회 분열과 십자군 전쟁의 시작 205

이슬람교의 등장 / 동방교회와 서방교회의 분열 / 프랑크 왕국의 등장 / 신성로마제국의 등장 / 십자군 전쟁의 시작 / 절대 로마 교황권의 확립

6 수도원 운동의 개혁과 중세교회의 타락 255

클르니 수도원의 개혁운동 / 중세교회 신비주의 운동 / 시토 수도원의 등장 / 종교 개혁이전의 종교 개혁운동 / 탁발수도사들 / 중세 스콜라 철학

초대교회의 시작과
로마의 박해 속으로

A.D. 30-177

1

예루살렘에서 시작된 초대교회의 복음은 유대와 사마리아를 거쳐서 안디옥과 소아시아와 당시 제국의 심장부인 로마에 다다르지만 그곳엔 무시무시한 박해가 기다리고 있었습니다.

스데반 집사의 순교는 어쩌면 기독교인의 고난을 알리는 첫 번째 상징이었는지도 모릅니다. 로마인들이 이미 퍼져 있던 유대교와 기독교는 다르다는 것을 눈치 채기 시작할 때부터 기독교는 억울한 누명의 희생양이 되어야 했어요.

매우 오랜 세대를 거치면서 기독교인들은 복음 때문에 죽어갔지요. 유대교와도 완전히 단절되고 로마제국 내에서도 그들은 외톨이와 같은 상태가 되고 말아요. 기독교인들은 가장 약한 자로 멸시와 조롱 속에서 거대한 제국의 황제와 그 시민으로부터 죽임을 당합니다. 기독교의 복음은 로마로 들어갔을 때 먼저 그리스도인의 피로 그 땅을 적셨습니다. 그 피는 자양분이 되어서 복음의 씨앗을 키웠습니다.

그리스도인들이 당시 흘린 피는, 그 시대 사람들이 직접 눈으로 보았고 이제는 교회사의 기록을 보는 우리가 압니다. 예수께서 피흘림의 대가를 치르신 것처럼 복음의 씨앗은 성도의 피흘림으로 인해서 제국 안에서 자라나게 됩니다.

예수 그리스도께서 세상에서의 구원사역을 마치시고 하늘로 올라가신 후에 그를 따르던 제자들로부터 일어난 초대교회의 역사는 지금까지 이어져서 현재 세계 여러 나라에 하나님을 믿는 기독교인들이 널리 퍼져 있습니다.

하나님께서 세상에서 부르신 이들의 모임이 교회입니다.

예수 그리스도 안에서 하나가 된 주의 백성들은

자신이 받은 구원의 복음을 지금도 세상 곳곳에 전파하고 있지요.

이것은 주님이 승천하시기 전에 말씀하신 최후의 지상명령을 잘 지켜나가고 있음을 보여줍니다.

우리는 역사 속에서 특히 교회사에 주목할 필요가 있습니다.

왜냐하면 그 속에서 하나님의 자녀들이 걸어간 발자취를 발견할 수 있기 때문입니다.

특히 그 속에서 전능하신 하나님의 사랑을 우리가 알 수 있기 때문에 중요합니다.

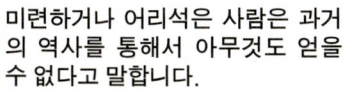
미련하거나 어리석은 사람은 과거의 역사를 통해서 아무것도 얻을 수 없다고 말합니다.

내가 지름길을 찾고 말테다.

그러나 지혜로운 사람은 지나온 역사를 통해서 자신을 발견하고 더 나은 미래를 아름답게 살아갑니다.

교회가 지나온 발자취를 알면 우리가 믿는 기독교 신앙에 대해 보다 더 바르게 알게 되고

우리를 향하신 주의 뜻을 분별하는 데 큰 도움을 얻을 수 있습니다.

늘 보아오던 성경말씀에 역사에 대한 지식이 더해지면 우리는 좀더 넓은 세계를 볼 수 있는

영적인 시야를 얻게 될 것입니다.

이제 교회사를 살펴보노라면 우리보다 앞서 갔던 믿음의 선배들을 아주 많이 만나게 될 것입니다.

베드로, 사도 바울, 순교자들, 변증가들, 은둔자들, 수도사들, 교황들, 성직자들….

그들도 우리와 같은 사람들이었고 우리도 그들처럼 이 세상에서 살고 있습니다.

과거의 역사 속에서 그들과 함께하셨던 하나님께서는 지금 우리와도 함께하십니다.

언제나 동일하신 하나님

자, 이제 신약의 초대교회가 시작되는 그 지점으로 한번 떠나보도록 할까요?

A.D. 30년경 이스라엘이 로마의 지배를 받을 당시 유대인 지도자들은 거짓 증인을 세워 예수를 신성모독으로 고발하고 사형을 선고하지요.

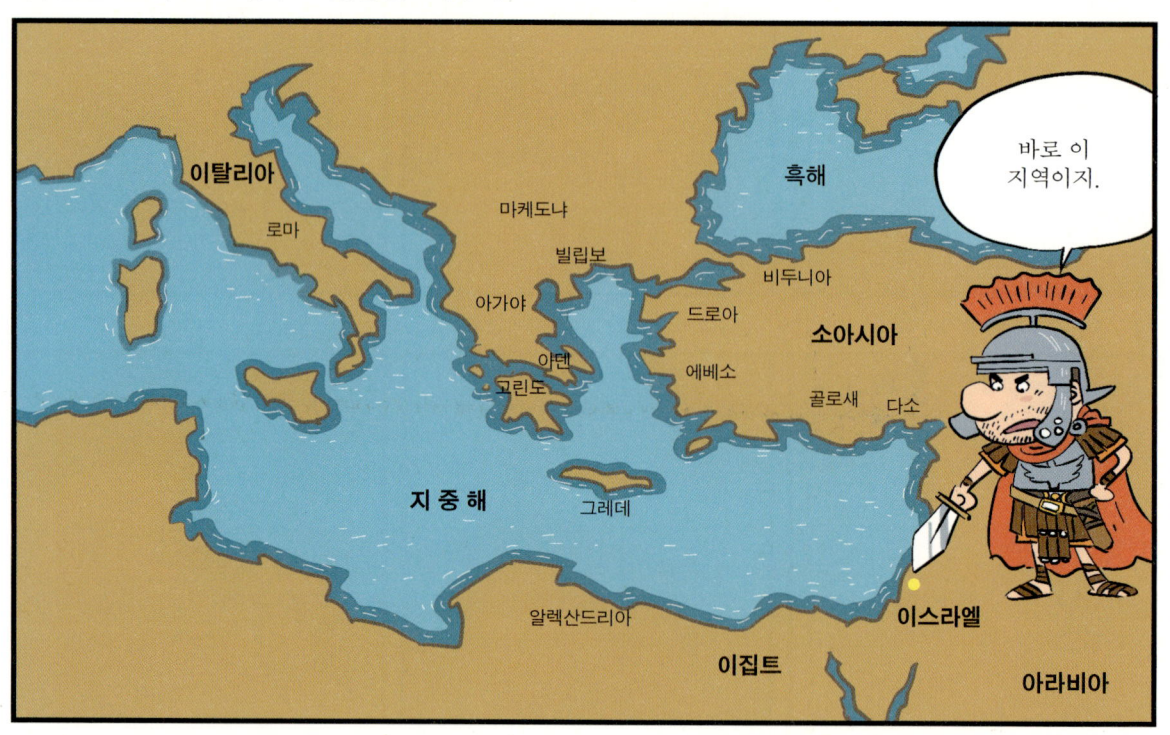

※초대교회의 시작

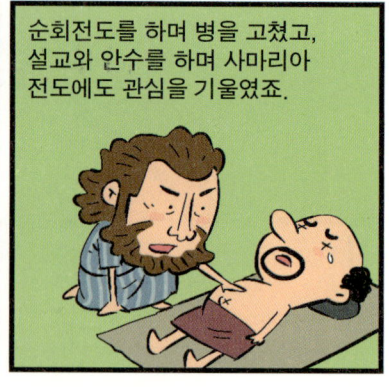

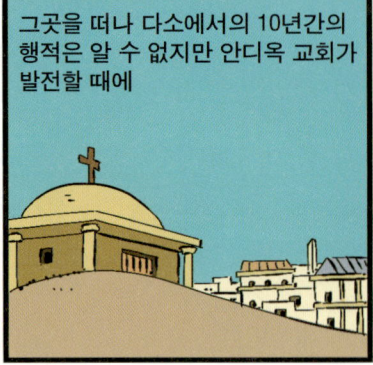

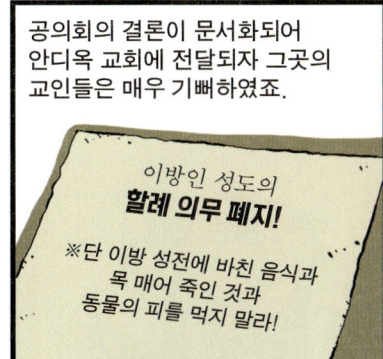

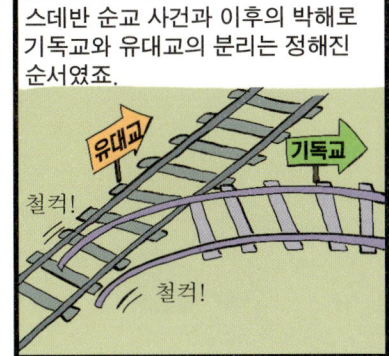

1 초대교회의 시작과 로마의 박해 속으로

※ 로마의 기독교 박해 시작

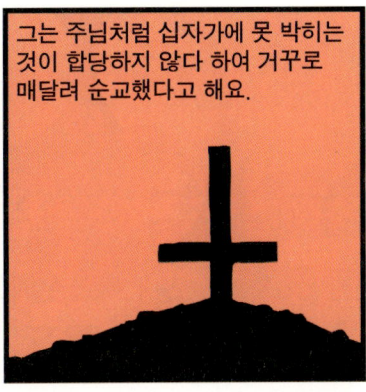

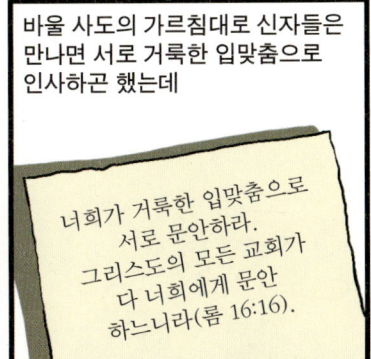

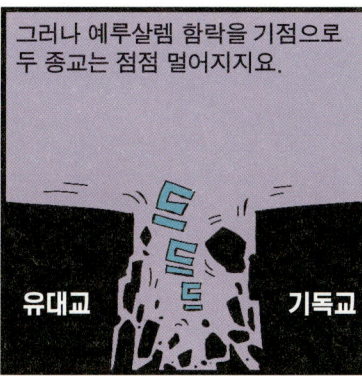

※초대교회의 순교자들

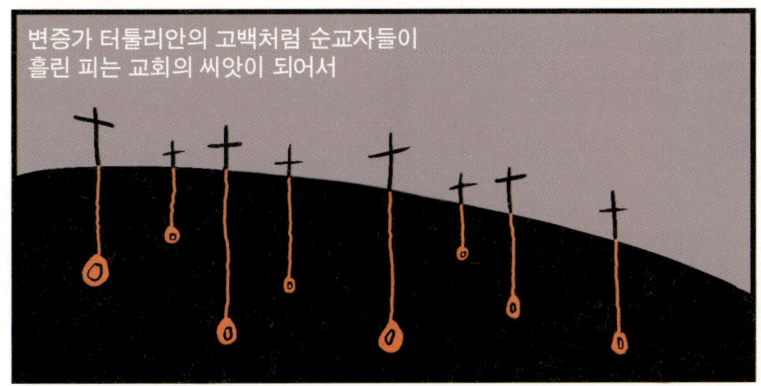

초대교회 이단들과 점차 견고해지는 기독교

A.D. 90-250

이단들은 계속 침투해 들어와서 정통 기독교 교회에 혼란을 일으키지요. 마침내는 진리를 비진리로 바꾸어 구원의 귀한 교리를 파괴하려고 합니다. 그럴수록 교회는 더욱 더 견고해지고 조직적으로 발전하게 됩니다.

여러 가지 인간의 사상이나 생각들을 주장하는 이단자들에 대항하여 교회지도자들은 이미 검증되고 믿을 만한 주의 가르침에 더욱 더 집중하게 됩니다. 이단이 가져온 거짓의 혼란 속에서 교회는 값진 신약성경을 채택하게 됩니다.

또한 올바른 신앙고백서를 만들게 됩니다. 교회지도자들의 권위를 위협하며 정통성에 도전했기에 교회는 사도적 계승을 주장하기에 이릅니다. 그리고 점점 더 교회는 강력한 지도자와 함께 모여서 예배할 장소와 바른 교육이 필요하다고 생각했어요. 그리고 기독교 변증가들은 기독교의 진실을 알리기 원했어요.

※ 초대교회의 교회조직

차츰 기독교인들은 교회가 조직적으로 체계를 갖추어야 한다고 느끼기 시작했죠.

2세기 초 안디옥 교회의 감독 이그나티우스는 7개의 서신을 통해 자신의 견해를 밝혔죠.
감독과 장로와 집사들에게는 일반 회중과는 다른 특별한 권위가 있다.

교회는 점점 복수의 장로들과 집사들에 의해 보좌받는 감독이 다스리는 수직적인 체제로 변했어요.
감독 / 장로 / 집사 / 회중

2세기 중반에 가서 확고하게 자리를 잡게 되지만 모든 교회가 다 그런 것은 아니었어요.

당시 소아시아와 아프리카의 작은 교회에는 감독이 있었지만

알렉산드리아 지역의 교회는 180년까지도 단독 감독제가 아니었어요.

프랑스 고올 지방의 경우도 큰 도시의 감독이 인근 지역 교회에
모두에게 안부 전하시오.
예, 감독님.

장로들을 파견하여 신자들을 돌아보곤 했지요.
힘들고 어려워도 우린 믿음을 지켜야 합니다.
아멘

그런데 3세기 무렵 기독교 교회들은 자체적으로 조직화하기 시작해요.
신자가 늘어나니 조직적으로 관리를 해야 할 것 같아요.
옳소.

대부분의 도시에서는 감독 한 사람이 다른 장로들을 지도했으며
지역 교회 장로 교육 세미나

가정에 모여 예배하던 신자들은 이제 예배당에 모이게 되었죠.
넓은 데로 와.

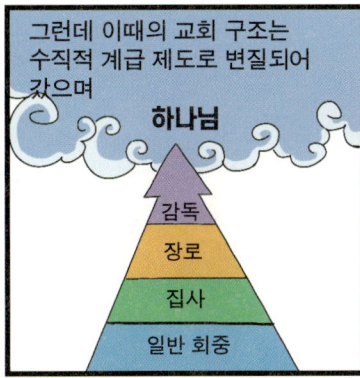

※ 초대교회의 이단들

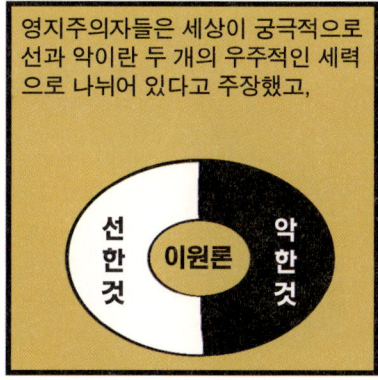

※초대교회 성경의 형성 과정

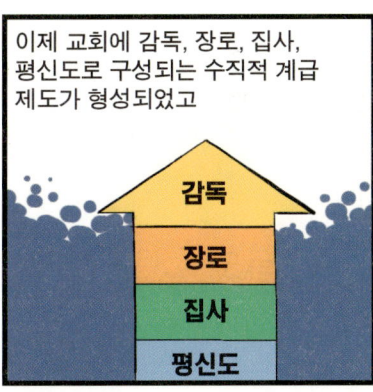

※초대교회 신비주의 운동

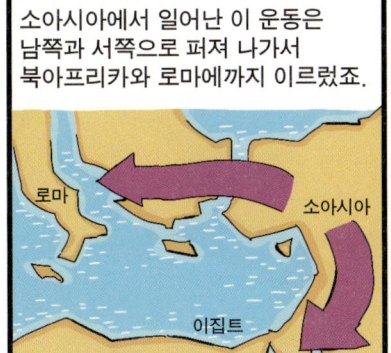

A.D. 200년경
교회에서 쓰이던 신약 성경
(무라토리 정경)

▶ 4복음서

▶ 사도행전

▶ 바울 서신들 : 로마서
　　　　　　　고린도 전·후서
　　　　　　　갈라디아서
　　　　　　　에베소서
　　　　　　　빌립보서
　　　　　　　골로새서
　　　　　　　데살로니가 전·후서
　　　　　　　디모데 전·후서
　　　　　　　디도서
　　　　　　　빌레몬서

▶ 야고보서

▶ 요한 1·2서

▶ 유다서

▶ 요한계시록

▶ 베드로계시록

▶ 솔로몬의 지혜서

※ 개인적으로는 사용되었으나
　공중예배에서는 쓰이지 않는 것
　▶ 헤르마스의 목자

2 초대교회 이단들과 점차 견고해지는 기독교　85

※ **신약성경이 초대교회에서 공인을 받아간 순서**

A.D. 250년경에 **오리겐**에 의해 쓰인 신약성경

- 4복음서
- 사도행전
- 바울 서신들
  - 로마서
  - 고린도전 · 후서
  - 갈라디아서
  - 에베소서
  - 빌립보서
  - 골로새서
  - 데살로니가 전 · 후서
  - 디모데전 · 후서
  - 디도서
  - 빌레몬서
- 베드로 전서
- 요한 1서
- 요한계시록

※ 논쟁의 대상이 된 책들

- 히브리서
- 야고보서
- 베드로후서
- 요한 2 · 3서
- 유다서
- 헤르마스의 목자
- 바나바서
- 열두 사도들의 교훈
- 히브리복음서

A.D. 300년경에 **유세비우스**에 의해 사용된 신약성경

- 4복음서
- 사도행전
- 바울 서신들
  - 로마서
  - 고린도전 · 후서
  - 갈라디아서
  - 에베소서
  - 빌립보서
  - 골로새서
  - 데살로니가전 · 후서
  - 디모데전 · 후서
  - 디도서
  - 빌레몬서
- 베드로전서
- 요한 1서
- 요한계시록(저자에 대한 논란).

※ 논쟁의 대상이지만 잘 알려진 책들

- 야고보서
- 베드로후서
- 요한 2 · 3서
- 유다서

A.D. 397년 **카르타고 회의**에서 서방교회를 위해 확정된 신약성경

- 4복음서
- 사도행전
- 바울 서신들
  - 로마서
  - 고린도전 · 후서
  - 갈라디아서
  - 에베소서
  - 빌립보서
  - 골로새서
  - 데살로니가전 · 후서
  - 디모데전 · 후서
  - 디도서
  - 빌레몬서
- 히브리서
- 야고보서
- 베드로전 · 후서
- 요한 1 · 2 · 3서
- 유다서
- 요한계시록

※ 제외시킨 것들

- 헤르마스의 목자
- 바나바서
- 히브리복음서
- 베드로계시록
- 베드로행전
- 디다케(Didache)

이제 기독교인의 신앙 생활은 정경화된 성서의 기준에 따라 판단하게 되었어요.

그렇다고 해서 교회가 더 이상 성령의 능력을 믿지 않는다는 것은 아니예요.

성령께선 처음에 인간으로 하여금 감동으로 하나님의 말씀을 기록하게 하셨고

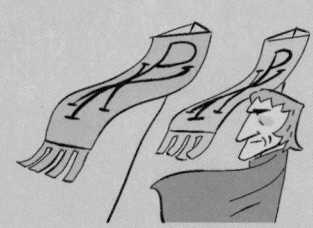

로마제국의 기독교 공인과 초대교회 신앙논쟁

A.D. 247-420

> 예수 그리스도를 믿는 신앙 때문에 너무나 많은 신자들이 죽임을 당했습니다. 이제 박해가 끝이 났지만 교회는 혼란스러웠어요. 믿음을 지키다가 순교한 신자들과 온갖 고문을 견디고 이겨낸 자들과 믿음을 저버린 자들을 어떻게 대해야 할지 저마다 생각이 달랐기 때문입니다.
>
> 천한 신분의 여인이 낳은 아들 콘스탄틴 황제는 막센티우스와의 전쟁 전에 하늘의 빛 가운데서 십자가의 환상을 보았습니다. 막센티우스는 밀비아누스 다리 아래 수장되고 콘스탄틴 황제가 로마에 입성하는 것과 함께 기독교인들의 해방은 갑자기 찾아왔지요. 교회는 평화를 얻은 듯했지만 내부의 다툼이 머리를 들기 시작했습니다.
>
> 예수 그리스도의 신성과 인성을 놓고 뜨거운 논쟁이 일어났지요. 그리고 그 다툼 속에서 교회의 뿌리를 지킬 신조를 만들어 냅니다. 너무나 갑자기 찾아온 신앙의 해방은 너무나 많은 사람들을 교회로 몰려오게 했고 점점 더 세속화되어 가는 교회를 떠나서 광야로 향하는 사람들이 생겨났어요. 그들의 정신은 후에 수도원 제도로 발전되어 갔습니다.

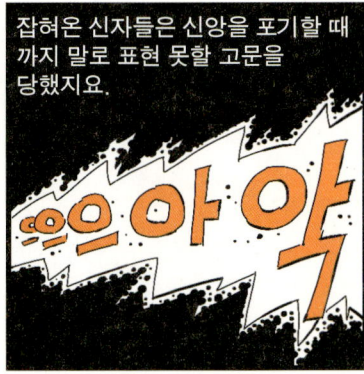
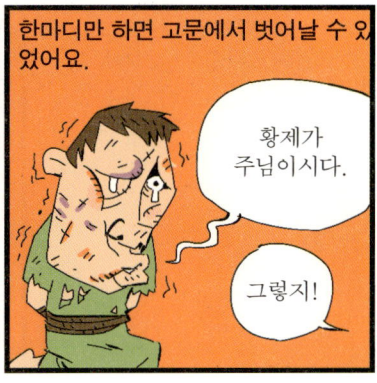

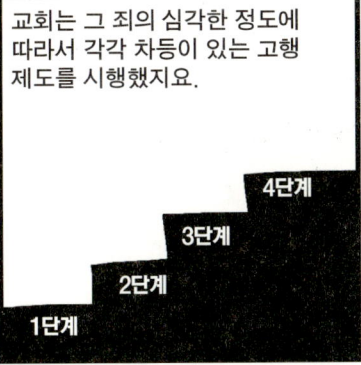

※콘스탄틴의 등장

※로마제국의 기독교 공인

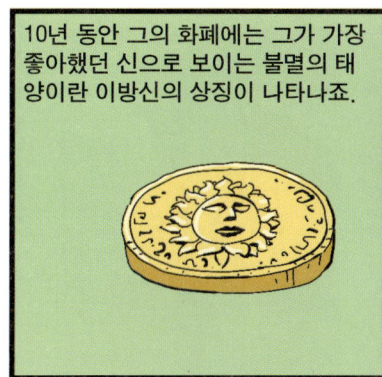

당시 많은 사람들이 황제의 개종과 그의 승리는 하나님이 주신 영감에 의한 것이라고 생각했죠.

이때부터 역사의 전환점이 이루어졌다고 생각하였어요.

콘스탄틴 황제는 기독교 제국의 시대를 연 상징적인 인물이 되었지요.

콘스탄틴 황제에게 그리스도는 개인적인 수호자였으며

그리스도의 죽음을 상징하는 십자가도

이젠 황제의 권력을 보증하는 매우 매력적인 상징이 되었지요.

콘스탄틴은 교회지도자들을 전폭적으로 후원하기 시작했어요.

이때 북아프리카의 카르타고에선 도나투스파의 논쟁이 일어났지요.

배교한 감독은 다른 감독을 안수할 수 없어!

일종의 저항 단체이기도 했던 도나투스파는

교회는 거룩함을 지켜야 하고 더 엄격해야 한다!

자신들이 참된 교회라고 믿었고 기성 교회 성도들은 배교자라고 했죠.

배교자!

313년부터 355년경까지 카르타고의 주교였던 도나투스의 이름을 따서 그 명칭이 생겼지요.

우리를 도나티스트라고 부르지.

그들은 감독 카이킬리안을 거부한 후 312년에 그들 자신의 카르타고 감독을 선출하지요.

마요리누스가 감독이다!

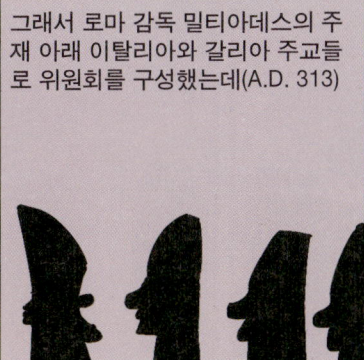

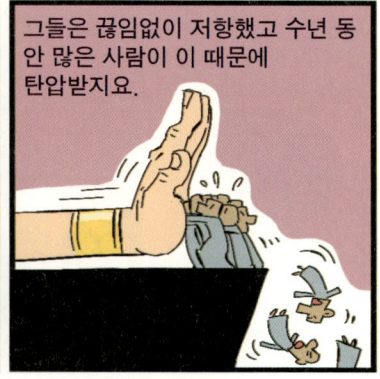

※아리우스와 아타나시우스의 삼위일체 논쟁 : 니케아 공의회

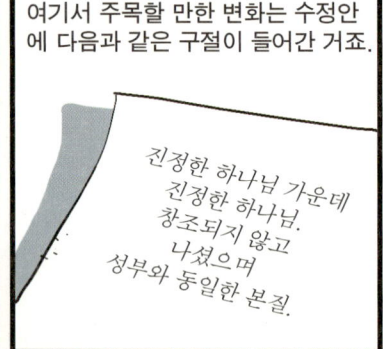

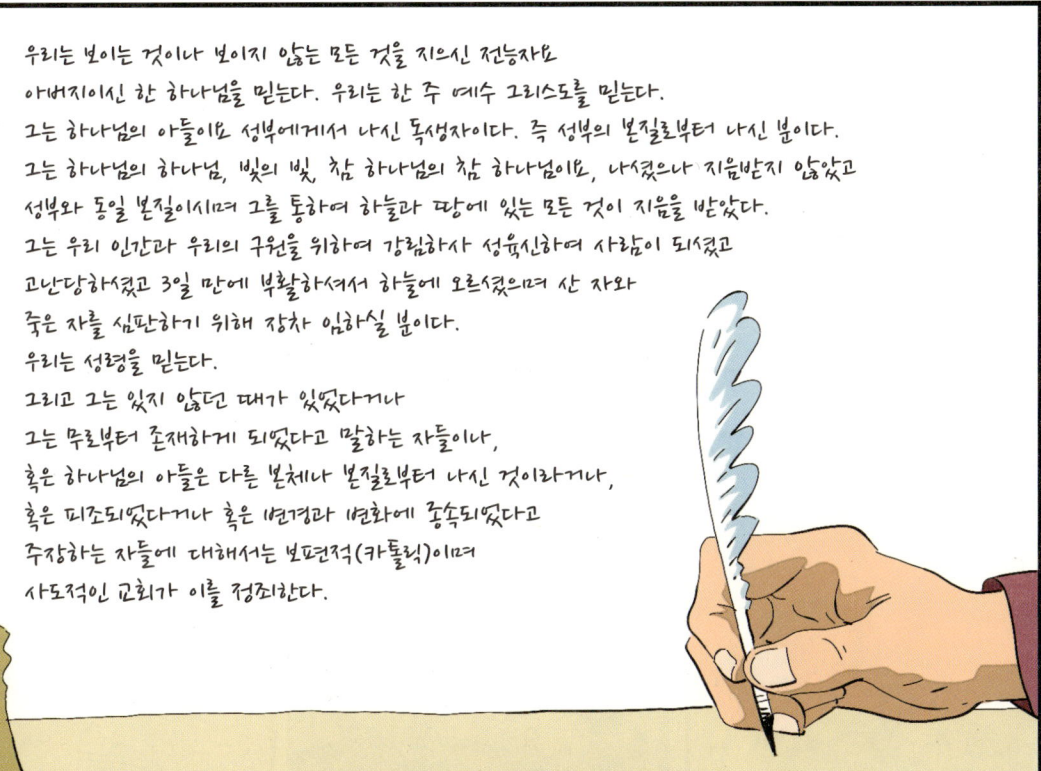

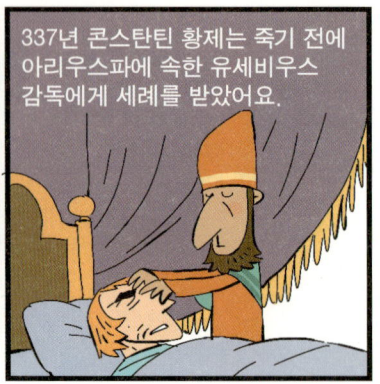

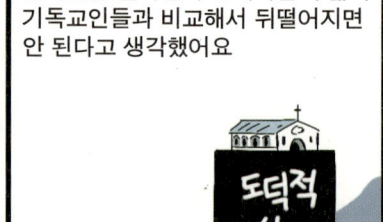

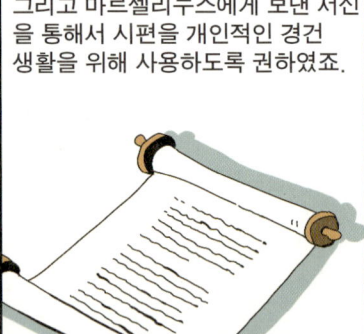

※사막의 수도자들과 수도원의 등장

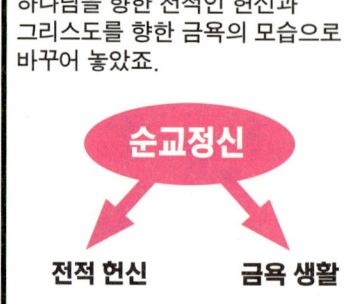

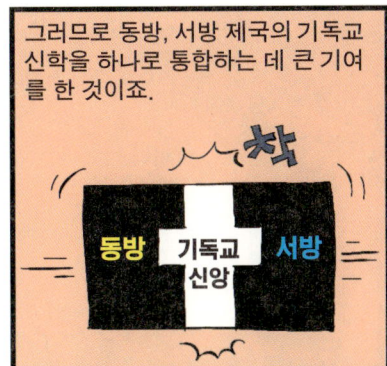

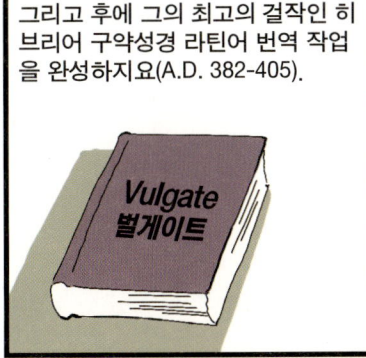

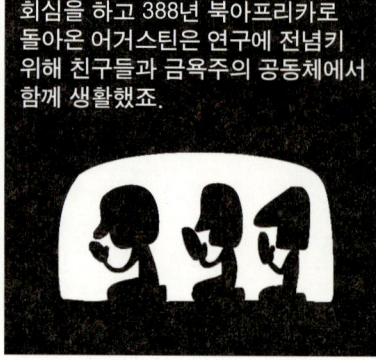

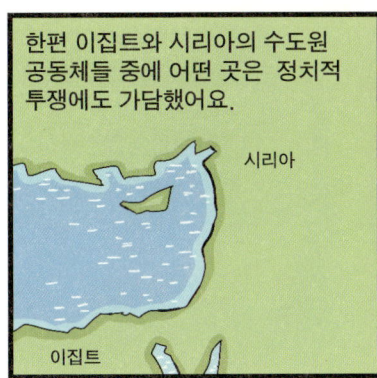

초대교회 교부들의 등장과 로마제국의 멸망

A.D. 376-664

이제 제국 안에서 기독교 신앙을 박해하는 모습은 먼 과거의 기억이 되어 버렸죠. 기독교 교회의 위상은 높아졌고 교회 지도자들의 권세도 매우 높아졌습니다. 심지어 전세가 역전되어 이젠 교회가 이교도들의 신전에 불을 지르는 시대가 되어 버렸죠. 그리고 교회 지도자가 황제와 대립하는 자리에까지 나아갔습니다. 높아진 교회의 위상은 교회 지도자들에게 권력과 교만을 선물했어요. 계속해서 논쟁들이 교회 안에서 이루어졌고 초기 분열 현상이 나타났으며 점점 제국의 세력도 쇠퇴하기 시작했습니다.

국경 지역으로부터 게르만 민족의 대이동은 결국 로마를 멸망시키게 됩니다. 교만해진 신앙을 낮추는 철퇴가 날아든 것일까요? 제국의 모든 것은 초토화됩니다. 암흑의 시대에 위대한 교부들의 가르침이 빛을 발하긴 했지만 결국 로마는 멸망을 맞이합니다. 야만족은 제국을 멸망시켰지만 기독교 신앙은 이제는 야만족들에게도 스며듭니다. 열정적인 수도사들의 발걸음이 유럽 전역에 미친 것이지요.

로마제국에 이교를 부활시키려 했고 부분적으로 기독교를 박해하던 쥴리안 황제가 죽고 그의 뒤를 이은 황제 요비안은 기독교인이었어요. 그리고 이후로 기독교인 황제들의 통치가 이어지지요.
요비안의 뒤를 이은 발렌티니안 1세(364-375)는 선임 황제들처럼 종교에 관해서는 관용과 불간섭의 정책을 사용했어요.

이교 역사가인 아미아누스는 발렌티니안 1세의 종교 정책을 매우 긍정적으로 평가했어요.

황제는 찬양 받을지어다.

황제는 여러 종파들 사이에서 중도를 유지했고 어떤 사람들을 괴롭히거나

한두 종류의 예배에 찬성하여 명령을 내리진 않았죠.

그는 괜찮은 황제야.

발렌티니안은 비록 자신은 기독교인으로 니케아 신조의 추종자였지만

아리우스파나 다른 이교까지도 관용적으로 대했지.

그런데 발렌티니안의 동생으로 동방 통치를 맡게 된 발렌스(364-378)는 덜 관용적이었죠.

난 아리우스파 편이야.

그는 아리우스를 정죄한 니케아파에 속한 몇몇 감독들을 귀양보내 버렸죠.

황제는 생긴 것도 매우 괴상해요. 안짱다리에 뒤끝이 있어

올챙이 배에다 눈은 또 사시야.

※암브로시우스의 등장

※ **기독교의 로마 국교 공인**

※왕권과 교권의 대립

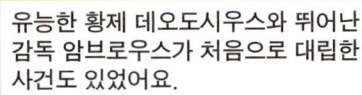

※요한 크리소스톰의 등장

요한은 시리아 안디옥의 성직자였어요. 347년경 귀족 가문에서 태어난 그는 유아 시절 부친을 잃었죠.

그러나 그의 어머니 안두사는 깊은 신앙심을 지닌 심지 굳은 여성이어서 어린 아들에게 큰 영향을 주었죠.

그는 동방 제국 최고의 학교에서 철학과 수사학을 배웠으며 위대한 스승 밑에서 대중연설가 훈련을 받았지요.

18세에 세례를 받은 그는 다소 지역의 디오도레로부터 3년간 신학을 배우게 되죠.

당시엔 두 가지의 설교법이 유명했어요. 하나는 시리아의 안디옥 학파의 해석법이었고, 요한은 이것을 배웠지요.

"성경 기자들의 의도한 메시지를 찾기 위해"
"성경을 연구했지."

또 하나는 알렉산드리아 학파의 해석으로서 그 설교자들은 오리겐이나 암브로우스처럼 비밀스럽고 영적인 진리를 찾아내려 했었죠.

"영적인 것은 영적으로 해석해야 되느니라."

요한은 어머니가 돌아가신 후 도시를 피해 안디옥 남부의 산악 지역으로 들어가 6년간 수도자로 살지요.

그곳에서 신학적 연구와 묵상, 기도를 하며 많은 시간을 보냈지만 건강은 많이 나빠졌죠.

380년 안디옥에 돌아오자 안디옥 감독은 그를 집사로 안수하였어요. 6년 후엔 사제가 되어 12년간 감동적인 설교를 하게 되지요.

그가 얼마나 감동적인 설교를 했는지 후에 사람들은 그를 황금의 입 즉, 크리소스톰이라 불렀어요.

※게르만 민족의 대이동

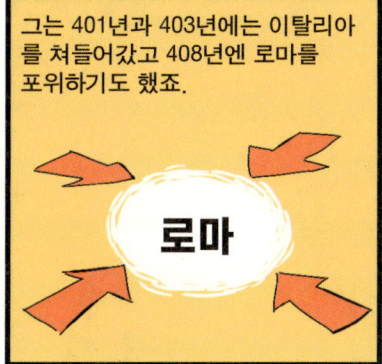

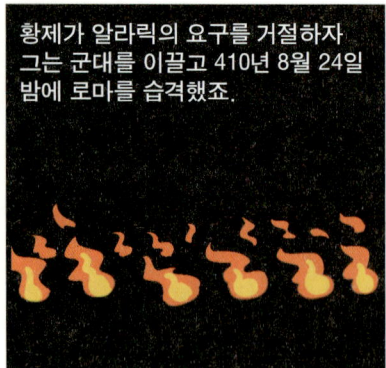

※어거스틴의 등장

고난과 박탈은 그들의 기독교적 가르침의 일부이며, 하나님의 도성만이 영원하지만

두 도성은 세상 끝날까지 분리되지 않고 공존할 것이라고 했죠.

그렇다면 교회와 국가의 관계는 어떤 것일까요?

우선 교회란 하나님의 도성을 이룩하기 위해 노력하는 사람들의 공동체라고 했죠.

국가는 사회 질서와 평화를 유지하는 긍정적인 기능이 있지만

결국 죄의 세력 위에 건설되었으므로 기독 교회의 규율에 복종해야 한다고 했죠.

「하나님의 도성」은 뛰어난 영적 통찰력으로 인해 당시 중세 전체에서 큰 인기를 누렸죠.

이 책은 재난에 대한 영적인 해석을 분명히 보여 주고 있죠.

지금 상황이 나쁘다고 해도 이제 더 좋은 시대가 오고 있어요.

미래에 나타날 하나님의 왕국은 흥망성쇠가 반복되는 이 세상 왕국의 영광에 있지 않아요.

어거스틴은 354년 누미디아(오늘날의 알제리)의 타가스테에서 태어났어요.

아프리카 베르베르족인 아버지 파트리키우스는 이교도였지만 어머니 모니카는 기독교인이었죠.

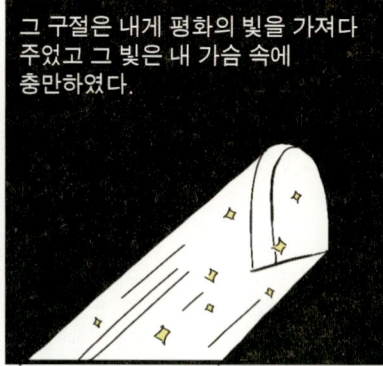

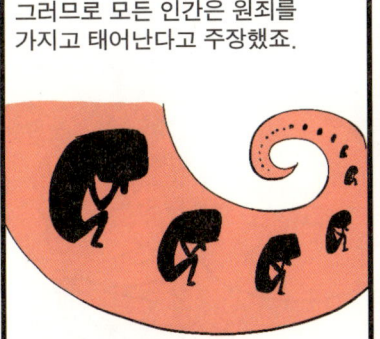

※키릴과 네스토리우스의 기독론 논쟁 : 칼케돈 공의회

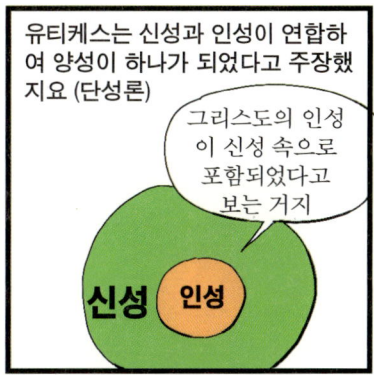

이윽고 다음과 같은 내용을 발표하지요.

"우리는 모두 한 목소리로 다음과 같이 고백한다. 우리 주 예수 그리스도는 한 분의 동일한 아들이시고 신성에 있어서 똑같이 완전하시고 인성에 있어서 똑같이 완전하시며 참으로 하나님이시고 참으로 사람이시니, 이성적 영혼과 육체를 가지신 인간이시며 신성에 있어서 성부와 동 본질이시고 인성에 있어서 우리와 동 본질이시니 죄만 빼놓고 모든 것에 성부에게서 나시고 마지막 날에 동일한 분이 그분의 인성에 있어서 우리들 때문에 우리의 구원을 위하여 하나님을 낳은 분이신 동정녀 마리아에게서 태어나셨다. 한 분의 동일한 그리스도시요 아들이시요 주님이시며 독생자이시며 두 본성으로 알려지셨으나 혼동도 없고 변화도 없고 분할도 없고 분리도 없으시며, 본성들의 차이는 결코 연합 때문에 제거되지 않으나 각 본성의 특성은 그대로 보존되고 한데 합하여 한 위격을 형성하였다. 두 개로 나뉘거나 분할되지 않고 한 분의 동일한 아들이시고 독생하신 신적인 말씀이신 그리스도는 옛날의 선지자들과 예수 그리스도께서 친히 그분에 대해 가르치시고 우리 교부들의 신조가 전해준 그대로시다."

흠- 아주 좋구나.

이로써 칼케톤 신조는 당시 일반적 관례였던 제국의 법이 되었지.

이 독특한 진술들은 안디옥파가 강한 영향력을 가졌다는 사실을 분명히 보여주지요.

칼케톤의 신앙 고백은 예수가 두 성품을 지닌 하나의 인격이라는 내용을 잘 담고 있죠.

우린 이 칼케톤 회의의 입장을 지지한다(양성론).

그러나 시리아와 이집트의 몇몇 기독교인들은 칼케톤의 정의를 부인하지요.

우린 여전히 단성론을 지지한다.

이들은 예수 그리스도의 한 인격 안에 신성과 인성이 존재한다는 것을 부인했어요.

그분은 한 인격 안에 완전한 신성과 인성을 가지고 계셨다구.

단성론

결국 단성론자들은 동방 정교회로부터 분리되지요.

진절머리 난다. 양성론자들.

미련 없다.

동방 정교회

그들은 이집트에서 가장 큰 기독교 세력인 콥트교회를 조직하여 발전하지요.

에디오피아에도 그 세력을 가지고 있죠.

4 초대교회 교부들의 등장과 로마제국의 멸망

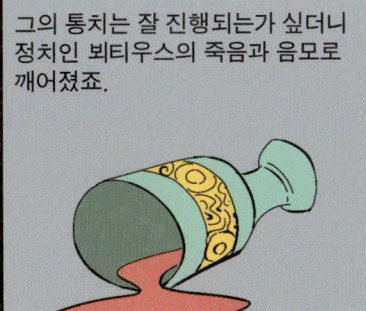

※프랑크족의 집단개종

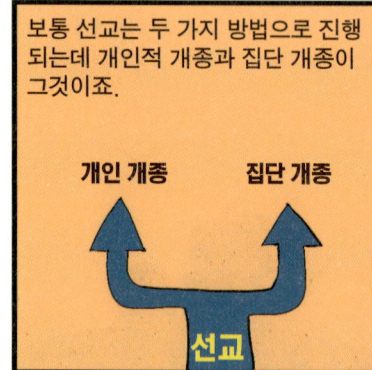

※베네딕트의 수도원 운동

전쟁의 혼란 가운데서도 수도원은 문화적인 휴식을 가질 수 있었던 유일한 장소였으며

많은 수도사들이 선교사로 사역하는 데 자신의 삶을 바쳤지요.

하지만 수도원에도 단점은 있었죠.

수도사들은 청빈을 추구했지만 신자들의 헌금과 토지 증여로 인해 많은 재산을 갖게 되었어요.

배부른 수도사들은 청빈의 삶은 커녕 오히려 게을러졌죠.
일하기 귀찮은데 시내 가서 뭐 좀 사오지.

그래서 자체적으로 수도사들이 개혁을 시도했고 부패한 수도원을 나와서
그럴려면 세상으로 가세요.
옳소.

새로운 수도원들을 다시 세우는 모습도 볼 수 있었죠.

수도사의 삶 자체를 그리 옳다곤 볼 수 없다는 것이 중요해요.

수도사들은 하나님이 원하시는 가정의 아름다움을 저버렸으며
이건 아니잖아?

그리고 수도원주의에는 인간의 영혼이 육체에 묶여 있다는 잘못된 성경해석이 깔려 있죠.
어딜 가!
육체 영혼

그러나 당시 사람들은 그렇게 생각하지 않았어요.
수도사야말로 기독교인이 추구해야 할 모습이라고요.

유럽의 가장 암울한 시대에 수도사들이 기독교를 전하고 기독교 문화 발전에 기여한 점은 인정해 주어야 하죠.

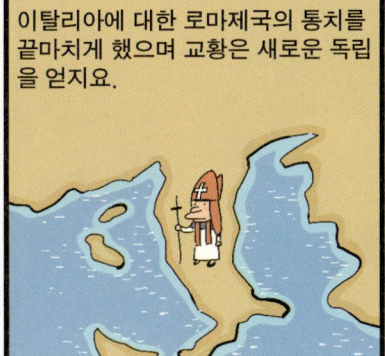

※ 그레고리의 등장

그리고 몇 년의 평화 후에 568년 롬바르드족이 이탈리아를 침공하지요.

그들은 교회를 불태우고 감독들을 죽였으며 수도원들을 약탈하고 농경지들을 파괴했지요.
다 죽이고 다 파괴하라!

이러한 혼란기에 그레고리는 34세의 젊은 나이에 황제 저스틴에 의해 로마 시장에 임명됐죠.

그것은 로마시에선 가장 고위 관직이었죠.

그레고리는 시민들을 위한 식량을 공급하고 가난한 자들을 구제하기 시작했고

각종 공공 시설물 건축 공사와 도시의 살림 일체를 돌보아야 했어요.

그가 시장으로 임명되던 해 주교와 총독이 모두 죽었으므로 그의 부담은 너무나 컸어요.
나 혼자 어떻게…

실상 그는 세상 권력을 탐하는 사람은 아니었죠.

차라리 홀로 신앙 생활에 깊이 들어가길 원했던 인물이었죠.
관직을 물러나 수도사로 살고 싶다.

실제로 그는 부친이 돌아가셨을 때 상속받은 재산의 대부분을 일곱 개의 수도원을 건축하는 데 썼으며

남은 재산은 가난한 자를 구제하는 데 사용했어요.

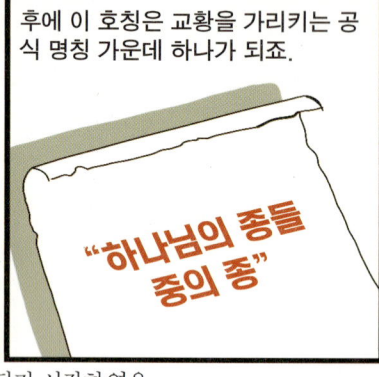

교황이라는 용어는 606년 이후에 사용되기 시작하였음.

※영국교회의 시작

동방교회와 서방교회 분열과 십자군 전쟁의 시작

AD. 469-1291

아라비아의 메카에서 마호메트란 인물에 의해 발흥된 신흥 이슬람제국은 순식간에 그 세력을 확장시켰습니다. 이슬람교는 중세 기독교에 가장 큰 적수로 등장했으며 프랑크 족장 마르텔에게 패하기 전까지 무적의 군대를 자랑했죠. 성상 파괴 논쟁으로 교회가 매우 분열된 시기에 약해진 서방의 로마교황은 프랑크족의 힘에 기대길 원했고 프랑크 왕국의 카롤링거 왕조 피핀은 교황의 인정을 받고 싶어 하던 참이라 '피핀의 증여'를 행했습니다.

피핀의 후임 황제 샤를마뉴는 교황으로부터 신성로마제국의 황제로 임명을 받고 대관식을 치르죠. 오랜 세월을 두고 계속된 동방 교회와 서방 교회의 분열은 십자군의 잔악한 칼날에 의해 완전히 이루어지고 말아요.

십자군은 기독교 역사에서 지울 수 없는 치욕을 안겨 주었고 나아가서 유대인과 이슬람교도들에게 원한의 씨를 깊이 심어 주었죠. 막강해진 교황 권력의 최고 절정기에 이노센트 3세는 이단 처단이란 명분 아래 중세를 종교재판이란 검은 색으로 칠하기 시작했습니다.

※이슬람교의 등장

그레고리 대제가 전 서방에 걸쳐서 영향력을 확대시키려고 할 때 아라비아 지역에선 전혀 예상하지 못한 거대한 세력이 일어나서 기독교 역사와 중세와 근대 세계에 커다란 영향력을 끼치게 되지요. 그것은 아라비아의 작은 무역항인 메카에서 발생했지요. 그 출발점은 바로 570년경 마호멧의 출생이었지요.

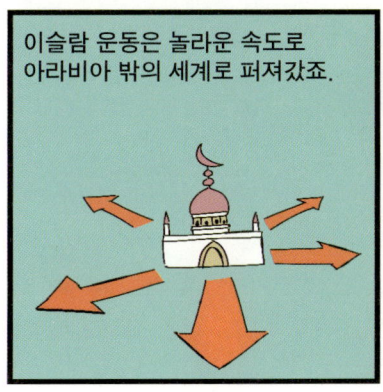

서쪽에서도 서고트족의 스페인 그리고 포르투갈을 정복했지요.
습격대들은 프랑크족의 고올로 쳐들어 갔지만
카롤링거 왕조의 지도자인 마르텔에게 격파당했어요.
비록 이슬람 군대가 유럽의 심장부에 깊숙히 들어가진 못했지만
그들은 지중해를 장악하는 데 성공했지요.

※ 동방 교회와 서방 교회의 분열

※프랑크 왕국의 등장

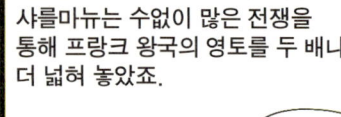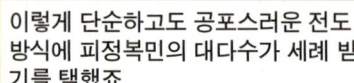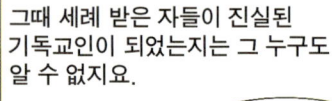

아바르족과 6번이나 전쟁을 해서 샤를마뉴는 그들을 굴복시켰고 동부 유목민족의 침략을 미연에 방지하고자 다뉴브 지방에 군사기지 마크를 설치했는데 여기가 바로 오늘의 오스트리아죠.

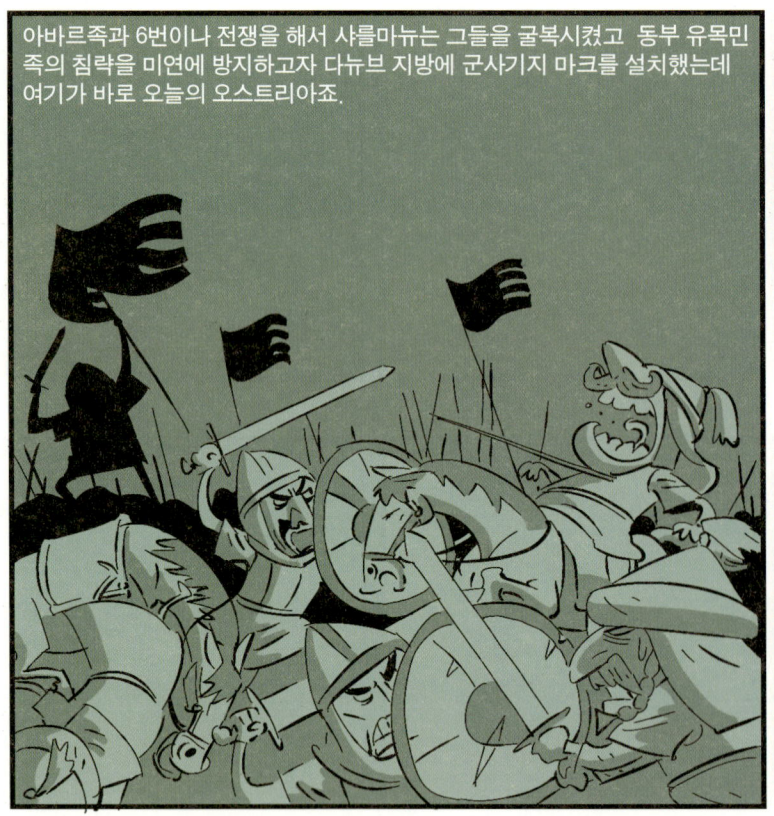

막강한 세력을 가진 샤를마뉴는 이젠 이탈리아 정치에도 관여하기 시작했죠.

어느날 롬바르드족이 영토 확장을 목적으로 교황령을 침입했어요.

교황의 요청을 받은 샤를마뉴는 롬바르드와 싸워 승리를 얻고(774) 스스로를 롬바르드의 왕이라고 칭했죠.

그 후 피핀의 증여를 재확인함으로써 교황청과의 관계를 더욱 강화시켰죠.

샤를마뉴가 다스리는 프랑크 왕국은 중세 초기의 가장 강력한 부족 국가가 되었죠.

이제 양적인 변화만이 아닌 질적인 변화가 필요하게 되었죠.

샤를마뉴는 계속되는 침략과 반란을 힘만으론 억누를 수 없음을 알았죠.

그는 교회의 인정과 옛 로마제국이 누린 권위를 얻고 싶어 했지요.

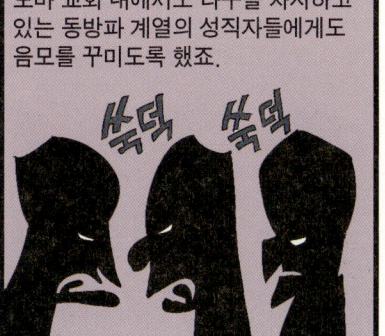

※신성로마제국의 등장

샤를마뉴는 신성로마제국의 황제란 칭호를 얻은 뒤로 자신이 로마의 기독교를 지키는 수호자라고 생각했죠.
이게 내 사명이야!

그는 자신의 왕관이 교황의 덕택이라고 여기지 않았지요.
내가 공을 얼마나 들였는데

그는 통치의 마지막 14년 동안 그의 제국 안에서 교황권을 종속시켰지요.
내가 관리해 줄께.
그건 쫌.

그는 당시 대부분의 사람들처럼 글을 읽을 수 없지만 학문을 중요시했어요.
힘으로만 나라를 다스릴 순 없더라고.

그리고 고대 문서들을 보존하고 문맹을 없애기 위해 수도원을 설립하여 수도사들로 가르치게 했죠.

그는 교회의 주교들을 직접 임명했으며 로마 교회가 이탈리아 지역을 효율적으로 다스리도록 도왔죠.

이러한 통치 덕분에 예술과 학술이 빠르게 발전하면서 소위 카롤링거 문예부흥이 진행되었죠.

샤를마뉴는 부친 피핀과 당시 주교 보니페이스 때부터 시작된 교회의 교육적 개혁을 이어갔지요.
바쁘다. 바빠!
공부하랴, 애들 가르치랴.

그의 최고의 교육 자문은 앵글로 색슨 족인 요크의 알퀸이란 학자였어요. 그리고 오를레앙의 데오돌프도 있었죠.

알퀸은 요크의 대성당 학교의 교장으로 있다가 796년 투르의 대수도원장이 된 매우 뛰어난 교사였죠.

수도사들은 고대의 라틴문학 작품을 필사하고 해석을 달았고 수도원은 귀중한 문화유산들을 쌓아갔죠.

한편 로마 교황은 이젠 황제들의 감시를 받아야만 했지요.
이젠 내 마음대로 못해.

5 동방교회와 서방교회 분열과 십자군 전쟁의 시작

※십자군 전쟁의 시작

그런데 십자군과 더불어 양자간 무역이나 통신 등의 왕래가 다시 시작될 수 있었죠.

그런데 역설적으로 최후의 분열은 바로 이렇게 서로 가까워지려는 때에 찾아온 거죠.

그 원인은 개혁적인 교황권에 대한 새로운 태도와 십자군이었지요.

십자군 운동은 서방 유럽이 회교로부터 성지를 회복하기 위해 싸운 전쟁이었죠.

중세 사람들은 예수 그리스도의 탄생지에서 예배하기 위해 오랫동안 여행하곤 했어요.

7세기 신흥 이슬람교가 일어났을 때에도 이런 모습은 변하질 않았죠.

10세기엔 주교들이 대규모 순례단을 조직하였는데 1065년 독일에서 출발한 순례단은 7,000명이나 되었죠.

하지만 11세기로 들어서면서 순례단은 위험에 처하죠.

이슬람교도인 셀주크 터키가 근동지방을 휩쓸면서 상황이 심각하게 변한 것이죠.

셀주크인들은 예루살렘 정복 후 소아시아로 밀고 올라왔죠.

동방제국은 이러한 침략을 막아내기 위해 싸웠지만

1071년 맨지커르트 전투에서 동방 군대는 처참히 패하고 황제도 잡혔지요.

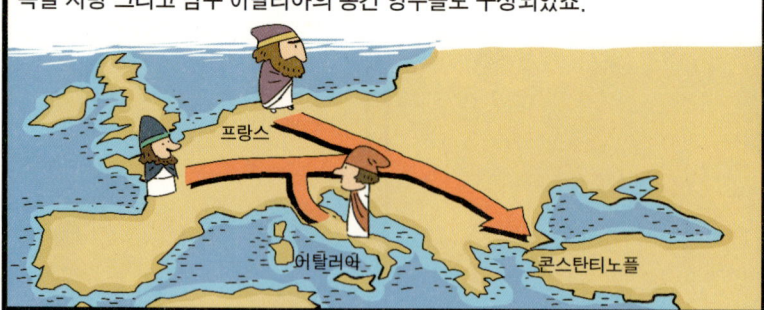

5 동방교회와 서방교회 분열과 십자군 전쟁의 시작 247

※절대 로마 교황권의 확립

1215년 로마에서 개최된 제4차 라테란 공의회는 그의 경력에 어울리는 최고 절정의 시기였죠.

유럽 각 지역으로부터 1,200명 이상이 모여 교황의 지도권을 선포했고

70명의 총대주교와 대주교, 4백 명의 주교와 8백 명의 사제, 수도원장, 평신도들이 참석한 회의였죠.

이 공의회에선 화체설이라고 하는 교리가 채택되었죠.
성만찬 때 사제가 빵과 포도주를 성별해서 높이 드는 순간

그것들은 보이지 않는 차원에서 예수 그리스도의 피와 살이 된다.

공의회에 참석했던 주교들은 화체설을 다음과 같이 설명하죠.
그리스도의 몸과 피가 빵과 포도주라는 외적인 형태로 성례전에 포함되죠.

여기서 빵은 하나님의 능력에 의해 몸으로 변하고
포도주는 하나님의 능력에 의해 피로 변하는 거죠.

이 교리는 3백 년 후 종교 개혁 당시 가장 큰 논쟁거리 중의 하나죠.
말도 안 되는 소리다!
영적 세계를 니가 알아?

또한 이 회의에서 동방 교회는 서방 교회에 종속된다고 선언함으로써 인노센트 3세는 자신이 전 세계 교회를 지배한다고 생각했죠.
난 그리스도의 분명한 대리자니까!

난 사도 베드로의 후계자로 독특한 권세를 지니고 있기 때문이다.

그리고 주교들은 자기가 맡은 수도원을 방문하고 세속 권력의 손에서 그것을 보호해야 한다고 선언했죠.

일반 사제들에겐 엄격한 도덕성을 주문했죠.
똑바로 행동해!
도덕성

성직 세습을 금지시켰으며

사제들은 일 년에 한 번 신자들의 고해를 받아 그가 이단에 빠졌는지 알아 보게 하였는데

만약 이단으로 밝혀지면 세속 군주에게 위임해서 처벌하고 재산을 몰수했고

군주가 만일 이단자를 처벌치 않으면 교황은 군주를 파문하고 그래도 따르지 않으면 시민들이 군주에게 불복종하도록 명령할 수 있었죠.

이처럼 라테란 공의회는 교황의 권위를 최고로 높여 주었죠.

12세기에는 유럽 전 지역에서 이단들과 교황권이 싸움을 시작하죠.

종교재판소는 교회의 성경 이해에 공공연히 도전하는 사상을 근절했고, 이는 1179년 에큐메니칼 공의회에서 교회의 제도로 확정되죠.

1215년 제4차 라테란 공의회에서 공식적으로 종교재판소를 설치하고 조직을 완료하죠.

처음에 종교재판소는 알비겐스파 같은 영지주의 이단에게 초점을 맞추었죠.

알비겐스파는 알비파라고도 하고 카타리파라고도 하지.

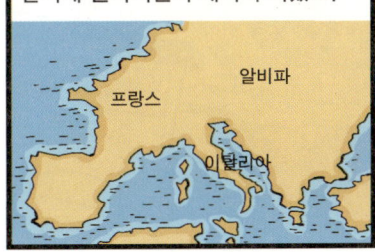
알비파는 12세기 중엽 발칸 반도 북부, 이탈리아, 남부 프랑스 등지를 거쳐 특히 프랑스의 툴루즈 지방의 알비에 전파되면서 세력이 커졌죠.

이들의 교리는 이원론과 영지주의를 바탕으로 재구성된 것이었죠.

그들은 아르메니아의 바울파와 보고밀파란 이단의 영향을 받았고 마니교에서도 영향을 받았죠.

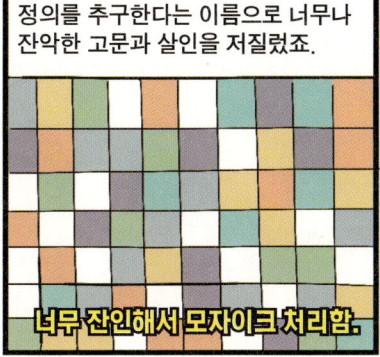

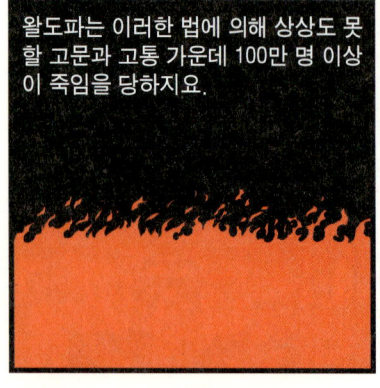

수도원 운동의 개혁과 중세교회의 타락

AD. 673-1295

수도사들의 열정은 지칠 줄을 몰랐어요. 인간 구원을 향한 그들의 사역은 매우 적극적이었죠. 글이 없는 나라의 글자를 개발하기도 했으며 자신을 쳐서 복종해야 하는 수도원의 규율에 훈련받으며 삶을 불태웠습니다.

개혁의 빛을 비추며 일어났다가 비난의 화살을 맞으며 시들어간 수도원 운동은 계속 반복됐습니다. 영적으로 갈급한 시대에 목마름을 해결하기 위해 자생적으로 생겨난 수사들에 의해 성경이 조금씩 드러나기 시작했어요. 어떤 탁발수도사들은 교황의 가르침이 바른 길이 아님을 알았고 어떤 수도사들은 청빈을 외치며 병자들과 가난한 자들과 생을 함께했습니다.

교회의 권위와 전통적 가르침들을 새롭게 변화시키려는 질문들이 대학에서 나타났습니다. 사람들을 제한된 울타리에 가두었던 교회법은 자유로운 사고를 하는 인간의 이성에 도전받기 시작했어요.

6세기와 7세기를 거쳐 잉글랜드와 아일랜드에서는 왕성한 선교 활동과 수도원 운동이 일어났어요. 그것은 이제 다시 섬에서 대륙으로 퍼져나가게 되는데 잉글랜드로부터 보니페이스와 같은 선교 수도사들이 게르만 이교도들에게 복음을 전하기 시작했지요.

※클루니 수도원의 개혁

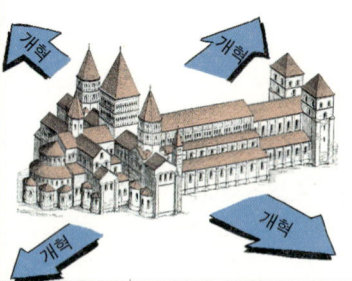

6 수도원 운동의 개혁과 중세교회의 타락

※중세교회 신비주의 운동

6 수도원 운동의 개혁과 중세교회의 타락

※시토 수도원의 등장

※종교 개혁 이전의 종교 개혁운동

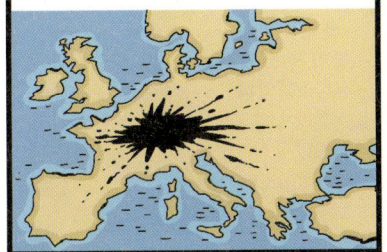

6 수도원 운동의 개혁과 중세교회의 타락 281

※탁발수도사들

6 수도원 운동의 개혁과 중세교회의 타락

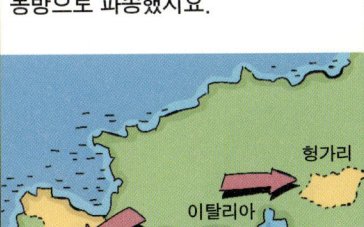

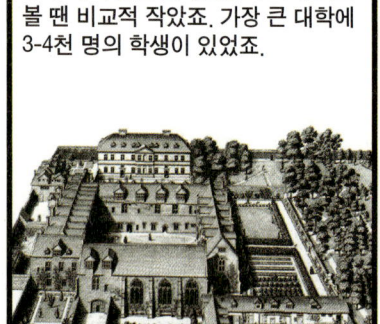

※중세교회의 스콜라 신학

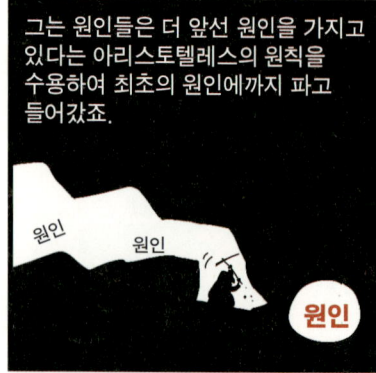

6 수도원 운동의 개혁과 중세교회의 타락

하권에서 이어집니다.

[초대교회 - 중세교회]

A.D.

30	예수 그리스도의 죽음과 부활
35	바울의 회심(개종)
64	로마대화재, 네로의 박해, 베드로와 바울의 선교
70	예루살렘 함락(로마 베스파시안 황제때 그의 아들 티투스에 의해)
75	기독교가 유대교에서 배척당하기 시작함
81-96	도미티안 황제의 박해
98-117	트라얀 황제의 박해
165	변증가 져스틴 순교
172-173	몬타니스트 운동의 시작
190	무라토리 정경 목록(최초의 정경 목록)
250	데키우스 황제의 박해의 시작
303	디오클레티안 황제의 마지막 박해(284-305)
312	도나투스파의 논쟁시작
313	콘스탄틴과 리키니우스의 밀라노 칙령(기독교 공인)
325	니케아 회의(아리우스 정죄, 아타나시우스 승리, 부활절 제정)
330	비잔티움의 새로운 수도 콘스탄티노플 천도
354-430	힙포의 주교 어거스틴 생애(413-426 저서 하나님의 도성)
380	데오도시우스 황제가 기독교를 국교로 선포
382	로마(서방)교회의 정경목록 작성
382-405	제롬(라틴어 벌게이트 구약성경 완성)
392	기독교를 국교로 선포(데오도시우스 1세)
395	동서 로마분리
397	카르타고 회의(서방교회를 위해 확정된 신약성경)
412-414	도나투스파 정죄와 시민권의 박탈
428	키릴과 네스토리우스 논쟁

431	에베소 회의(네스토리우스 양성론 정죄)
451	칼케톤 회의(유티케스의 단성론 정죄)
455	반달족 가이세릭의 로마입성과 약탈
476	게르만족에 의한 서로마 제국 멸망
529	몬테가시노 수도원 창설(베네딕트)
553	콘스탄티노플 2차 회의(칼케톤 신조 재확인)
567	흑사병 시작됨
568	롬바르드족의 이탈리아 침공 약탈
590	교황 그레고리 1세 즉위(최초 교황 칭호 사용)
622	모하멧이 메디나로 도주하여 이슬람교 세움(마호멧의 헤지라)
638	이스람교의 예루살렘 점령
668-717	이슬람군의 콘스탄티노플 요새 공격
730	레오 3세의 성상제거 칙령 발표
732	이슬람군대가 샤를 마르텔에게 패배함
744	보니페이스의 영향으로 독일에 풀다 대수도원 설립
800	교황 레오 3세가 샤를마뉴에게 신성 로마 제국 황제의 제관 수여
862	모라비아 군주 라스티스라프가 동방교회에 선교사 파송을 요구
879	콘스탄티노플 4차 회의 (포티우스의 필리오케 논쟁)
910	클루니 수도원의 개혁
1054	동. 서 교회의 분리
1073	교황 그레고리 7세 즉위(힐데브란트)
1076	하인리히 4세 보름스 회의 소집(그레고리 7세 폐위)
1076	그레고리 7세가 하인리히 4세 파문
1077	카놋사의 굴욕(독일 하인리히 4세가 그레고리 7세에게 당한 굴욕)
1095	제 1차 십자군 결성
1096	스콜라 철학의 시작
1099	십자군의 예루살렘 탈환과 유대인 학살
1198	인노센트 3세의 제 4차 십자군 원정
1184	교황 루시우스 3세가 교회에 불복종한다는 이유로 왈도파 파문
1203	십자군의 콘스탄티노플 약탈과 학살
1208	앗시시의 프란체스코의 사역 시작
1214	클라라회 설립과 교황의 승인
1215	로마 제 4차 라테란 공의회(인노센트 3세 교황의 최고 절정기, 종교재판소 설치)
1220	종교재판의 관할이 도미니크회로 넘어감
1303	교황 보니페우스 사망
1323	교황 요한 22세가 프란시스회의 청빈 교리를 정죄함

사명선언문

너희가 흠이 없고 순전하여……세상에서 그들 가운데 빛들로
나타내며 생명의 말씀을 밝혀 _ 빌 2:15-16

1. 생명을 담겠습니다
만드는 책에 주님 주신 생명을 담겠습니다.
그 책으로 복음을 선포하겠습니다.

2. 말씀을 밝히겠습니다
생명의 근본은 말씀입니다.
말씀을 밝혀 성도와 교회의 성장을 돕겠습니다.

3. 빛이 되겠습니다
시대와 영혼의 어두움을 밝혀 주님 앞으로 이끄는
빛이 되는 책을 만들겠습니다.

4. 순전히 행하겠습니다
책을 만들고 전하는 일과 경영하는 일에 부끄러움이 없는
정직함으로 행하겠습니다.

5. 끝까지 전파하겠습니다
모든 사람에게, 땅 끝까지, 주님 오시는 그날까지
복음을 전하는 사명을 다하겠습니다.

서점 안내

광화문점 서울시 종로구 새문안로 69 구세군회관 1층
02)737-2288 / 02)737-4623(F)

강남점 서울시 서초구 신반포로 177 반포쇼핑타운 3동 2층
02)595-1211 / 02)595-3549(F)

구로점 서울시 동작구 시흥대로 602, 3층 302호
02)858-8744 / 02)838-0653(F)

노원점 서울시 노원구 동일로 1366 삼봉빌딩 지하 1층
02)938-7979 / 02)3391-6169(F)

일산점 경기도 고양시 일산서구 중앙로 1391 레이크타운 지하 1층
031)916-8787 / 031)916-8788(F)

의정부점 경기도 의정부시 청사로47번길 12 성산타워 3층
031)845-0600 / 031)852-6930(F)

인터넷서점 www.lifebook.co.kr